LETTRES D'UN PAYSAN

AUX

CULTIVATEURS

PAR

P. JOIGNEAUX

REPRÉSENTANT DU PEUPLE.

SAINT-NICOLAS-DE-PORT,

DE L'IMPRIMERIE DE P. TRENEL.

1849.

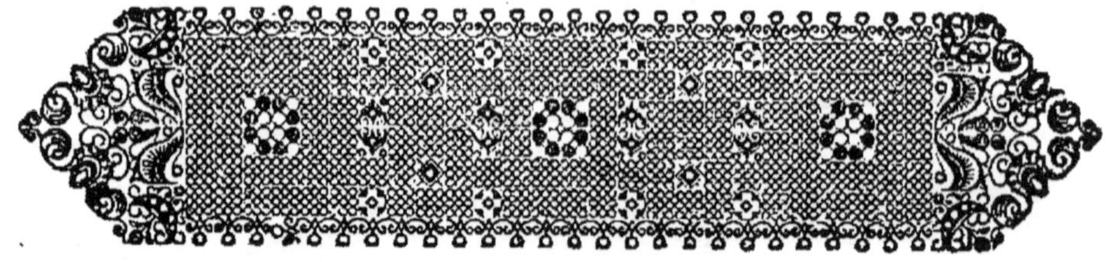

DEUX MOTS

POUR

FAIRE CONNAISSANCE AVEC MES LECTEURS.

Comme j'adresse mes lettres à tous les cultivateurs de France, il est bon que je fasse connaissance avec eux, d'une façon un peu large, autrement, ils finiraient par se demander à quel titre je me permets de leur écrire toutes les semaines.

J'aime donc mieux aller au-devant de la question que de l'attendre venir.

En prenant en main la défense des populations rurales, je ne fais acte ni de fantaisie, ni de dévouement, je remplis tout bonnement un devoir facile et plaide ma propre cause. Il n'y a pas grand mérite à cela ; c'est pourquoi j'aurais mauvaise grâce à en tirer vanité.

Il me revient, par tradition, que mes aïeux n'étaient ni ducs, ni marquis, et qu'en leur qualité de roturiers de père en fils, ils acquittaient dans leur temps la corvée, la dîme et les redevances. La meute du seigneur avait le droit de parcours dans leurs pauvres récoltes, et peut-être qu'en cherchant bien, je retrouverais quelqu'un des miens battant l'eau des fossés du château pour empêcher les grenouilles de troubler le repos de la châtelaine de l'endroit.

Aussi, quand j'y songe, je bénis des deux mains cette Révolution de 89 qui nous a délivrés des droits du seigneur, des corvées, dîmes et redevances, et qui, d'esclaves que nous étions, nous a rendus libres. Tous, tant que nous sommes, nous lui devons le champ qui nous fait vivre et les lois qui nous protégent un peu. Voià pourquoi j'ai toujours aimé la Révolution et l'ai toujours servie. C'est affaire de reconnaissance autant que de justice.

Malheureusement, nous avons eu des ingrats, et beaucoup, parmi les parvenus. On a cherché à reconstituer, dans ces derniers temps, une nouvelle noblesse, celle des capitalistes, c'est-à-dire, des écus. Celle-là est, comme était l'autre, à peu près exempte de l'impôt ; les rentes sur l'Etat, les billets de banque et les gros sous ne doivent rien au fisc ; le chambertin, que les riches achètent 4 ou 5 francs la bouteille, ne paye pas plus de droits que la piquette ou le vin bleu du pauvre à 4 ou 5 sous : aucune charge lourde ne pèse sur eux ; ils ont de larges épaules pour ne rien porter ; avec de l'argent, ils s'exemptent du service militaire, ils achètent la science pour leurs enfants, ils achètent les privilèges ; presque tous les bons emplois sont pour eux : ils ne payent pas l'impôt, ils n'ont que la peine de le manger.

Quant aux travailleurs du sol et de l'atelier, on ne les ménage pas ; l'impôt commence leur ruine, et l'usure l'achève. Au lieu d'être les vassaux, les hommes-liges de tel ou tel baron, ils appartiennent, de fait, à la juiverie de l'époque. Eh bien ! je ne veux pas plus de ce vasselage que de l'autre. Comme républicain, je le condamne ; comme paysan, je l'exècre et lui fais la guerre par instinct de race.

La cause des cultivateurs c'est la mienne.

Je tiens au sol par toutes mes racines : par mes souvenirs, mes sympathies et mes espérances.

Je la défends donc comme on défend son bien propre ; c'est mon coin de terre, mon jardin, mon pré, que je protége contre l'empiétement de la haute finance.

Elle veut que toutes les charges soient pour nous et tous les bénéfices pour elle ; cela n'est pas juste, et c'est pour y mettre bon ordre que la République est venue. Le jour où les cultivateurs comprendront cette vérité, le pays ne sera plus en danger.

Tout se réduit donc à une question de temps, et, pour mon compte, j'en abrégerai la durée autant ue possible.

P. JOIGNEAUX,
Représentant du Peuple.

7 mars 1849.

LETTRES D'UN PAYSAN AUX CULTIVATEURS.

PREMIÈRE LETTRE.

Passy, le 10 février 1849.

Nous ne sommes pas loin de la saison des carémages, le soleil est déjà chaud, les lilas boutonnent, les groseillers ont des feuilles, dans quelques jours, nous sèmerons partout nos avoines et nos orges ; nos blés verdiront dans la plaine et l'alouette chantera. Dieu veuille que l'année soit bonne, que la fleur passe en son temps et que l'épi soit lourd. Et puis aussi Dieu veuille que la confiance revienne, car sans elle, pas de travail dans les villes, sans travail dans les villes, pas d'argent dans les campagnes, et sans argent, pas d'affaires, pas de vente. Le blé s'échauffe sur les greniers, le vin tourne dans les caves et les fermages ne se payent pas. Les uns sont malheureux parce qu'ils ne vendent point, les autres le sont plus encore parce qu'ils ne peuvent acheter.

Voilà notre situation, et il s'agit d'en sortir au plus tôt. Quand un chariot est embourbé jusqu'aux moyeux, on ne le sort pas de la fondrière profonde en attelant les chevaux de renfort à l'arrière-train et en fouettant des deux côtés. On romprait les traits de l'attelage en pure perte. Eh bien! le gouvernement actuel ressemble fort au chariot en question, et comme les uns le tirent en arrière et les autres en avant, on ne gouverne pas, on n'aboutit pas, on s'épuise en querelles de portefeuilles, en luttes sans portée. Irons-nous en pleine République, reculerons-nous vers la monarchie? C'est ce qu'un avenir prochain décidera. Attendons que le suffrage universel s'explique une troisième fois, et tenons-nous prêts.

Ce jour-là, cultivateurs, mes amis, laissez vos charrues au bout du sillon, vos chevaux à l'écurie, vos bœufs à l'étable, et mettez vos guêtres neuves. Que le soleil donne ou que la pluie tombe, que vous soyez dispos ou ne le soyez pas, que la route soit longue ou courte, mauvaise ou bien gravelée, allez au scrutin tambour en tête et le drapeau de la République au vent. Ce ne sera pas une mince affaire que le prochain vote; il ne s'agira ni plus ni moins que de sauver ou de perdre la France. Ce sera comme si vous aviez à choisir entre une rosée de mai et une averse de grêle au moment où les épis jaunissent.

La République, c'est la rosée; la monarchie, c'est la grêle. Ne prenez pas l'une pour l'autre; ouvrez l'œil comme à l'affût, ne vous exposez pas tirer à un lapin pour un lièvre. Cela s'est vu en avril dernier; beaucoup parmi vous ont accepté pour démocrates des gens qui se disaient tels, qui en avaient la peau, la couleur et les allures. Ç'a été un malheur;

mais après tout, ce malheur n'est pas irréparable. Quand, une fois dans sa vie, on a reçu en payement une pièce de cuivre étamée pour une pièce d'argent, on devient soupçonneux et ensuite on n'accepte plus que celles qui ont le son clair. En fait de candidatures, à l'avenir, exigez la garantie des antécédents et souvenez-vous de ces paroles de Napoléon : *Les blancs seront toujours blancs*. . . . . . .

Au 10 décembre, vous n'avez pas eu non plus la main très-heureuse. Cela se comprend : on vous offrait un nom, un souvenir de grandeur et de gloire nationale; vous l'avez accepté avec enthousiasme, comme une relique, comme une feuille de saule venant du tombeau de Sainte-Hélène. Ç'a été une affaire de culte, de fanatisme et d'espoir généreux; mais aujourd'hui, il y a du refroidissement et beaucoup parmi les idolâtres de décembre; on a résonné, et la foi a disparu. Ceci nous rappelle l'histoire d'un grand seigneur qui s'imagina un jour de planter aux environs de Paris des ceps de vigne provenant des meilleurs crus de Pomard et de Volnay. Il récolta du Suresne ou de l'Argenteuil, et, comme il s'en étonnait, un homme de sens lui fit observer qu'en apportant les ceps de la Bourgogne, il avait eu le tort de ne pas apporter en même temps la terre, le soleil et l'exposition.

On pourrait faire observer de même à ceux qui, en nous donnant un rejeton de la famille impériale, ont cru retrouver l'étoffe d'un Napoléon, qu'ils ont oublié le génie de l'oncle, les circonstances qui l'ont produit, et le despotisme sur lequel il s'est appuyé. Or, le génie ne se transmet point, les circonstances ne sont plus les mêmes, et le despotisme n'est plus possible en France. C'est pour cela que le neveu est à l'oncle ce que suresne et l'argenteuil sont au pomard et au volnay. . . . .

Quoi qu'il en soit, ne désespérons pas. « A quelque chose

malheur est bon, et chat échaudé craint l'eau froide, dit le proverbe. » On nous a d'abord affirmé que du jour où le gouvernement provisoire n'existerait plus, la confiance renaîtrait. Le gouvernement provisoire est tombé, la commission exécutive est venue et la confiance n'a pas reparu. C'est la faute de cette commission, a-t-on ajouté ; la commission a fait place à la dictature du général Cavaignac, mais la confiance n'a toujours point reparu ; c'est alors qu'on a demandé un président de la République de par le suffrage universel, c'est-à-dire une contrefaçon de roi. La confiance qui devait se produire enfin ne se produit pas davantage. Cette fois, c'est la faute de l'Assemblée nationale. Dans trois mois, si la Législative compte une imposante majorité de royalistes, on nous dira que le mal vient du président de la République, qu'il faut un roi. Henri V et le drapeau blanc. Alors on reprendra le complot du 29 janvier pour le mettre à exécution sous le patronage de quelques traîtres et des armées étrangères au besoin.

Vous le voyez, on nous a promenés de mensonge en mensonge, de promesse en promesse, de déception en déception. Depuis la nomination de M. Louis Bonaparte à la présidence, nous ne sachions pas que le blé se vende cinq francs le double décalitre, que l'impôt soit diminué, que les 45 centimes soient remboursés, que les contributions indirectes soient abolie et que le pauvre ait conquis pour son bétail le droit de pâture dans les taillis de quatre ans. On nous avait fait cependant espérer de belles choses. Qu'avons-nous eu ? La réduction de la taxe du sel, et encore nous ne devons en remercier ni M. Louis Bonaparte ni ses ministres, qui ont voté contre.

Par le temps qui court, ceux qui promettent le plus sont les ennemis de la République. Comme ils sont bien décidés à ne pas tenir parole, les promesses ne leur coûtent rien.

Ce qu'ils veulent, ce sont des voix pour la Législative ; or, pour cela, ils escompteront l'avenir au profit de quiconque consentira de nouveau à jouer le rôle de dupes. Voulez-vous des emplois en espérance ? en voici ; voulez-vous des diminutions d'impôts ? en voilà ; aimez-vous mieux n'en point payer du tout ? c'est une affaire entendue, ne marchandons pas pour des bagatelles. Demandez ce que bon vous semblera, vous obtiendrez tout ; ne demandez rien, on vous tiendra compte de votre désintéressement et on vous offrira des merveilles. C'est là ce qu'on appelle de la diplomatie en politique ; dans le monde ordinaire cette industrie a un autre nom.

Travailleurs du sol, ne soyez pas dupes, et pour ne pas l'être, faites à part vous ce petit raisonnement. Il n'y a pas deux moyens de soulager ceux qui souffrent, de réduire leurs contributions, il n'y en a qu'un seul, c'est d'imposer le revenu, de mesurer le fardeau à la largeur des épaules et de reporter sur les gros ce qu'il y a de trop sur les petits. Un gouvernement, quel qu'il soit, ne vit pas de l'air qui court ; il faut qu'il trouve sa nourriture quelque part. Aujourd'hui, c'est le propriétaire foncier, c'est l'ouvrier des champs, c'est l'ouvrier des villes, c'est le petit marchand qui l'hébergent, et ils savent que l'ogre ne vit pas de peu ; mais si vous retirez au gouvernement l'impôt du sel, l'impôt sur les boissons et une partie de l'impôt foncier, il devra nécessairement chercher sa vie ailleurs, parmi les rentiers, les capitalistes, les usuriers, les industriels qui, pour cette raison s'obstinent à ne pas vouloir de la République, et qui, par conséquent, ont intérêt à tromper les électeurs des campagnes. Tant que la chèvre ne quitte pas le champ du voisin, ils ne disent rien; mais quand elle s'approche du leur, ils font un bruit d'enfer. L'impôt qui ne les touche pas est un agneau ; les menace-t-il de trop près, c'est un loup. Pionniers qui portez la blouse, les sabots de hêtre et les souliers ferrés, défiez-vous des parasites, surtout lorsqu'ils vous font des offres séduisantes. Il y a toujours des épines cachées sous les fleurs qu'ils vous tendent.

C'est la chose du monde la plus facile à s'expliquer. Supposez que vous ayez pour vous représenter dans une assemblée politique un capitaliste riche à 30 ou 40 mille livres de rente. Dès qu'il s'agira de diminuer l'impôt foncier, d'enlever l'impôt sur les boissons, de dégrever complètement le sel, il y a cent à parier contre un que cet homme se dira :

Mais si je rogne les vivres au gouvernement sur ce point, si j'empêche qu'il vive aux dépens des pauvres, il faudra bien qu'il tende la main aux riches, qu'il impose les capitaux, qu'il prenne où il y a de quoi prendre. Par conséquent, en travaillant pour l'intérêt général, j'attaquerai mon intérêt particulier, et la charité bien entendue ne me le permet pas.

Allez, les loups plaideront toujours mal la cause des moutons ; et pourtant les moutons ont habituellement la faiblesse de les choisir pour avocats. D'où vient cela ? de l'ignorance des uns et de la perfidie des autres.

Il y a deux manières de tromper le pauvre monde. On sonde hypocritement ses plaies, on lui parle de ses douleurs, on pleure sur ses misères, on lui promet du baume, beaucoup de baume, en échange de ses votes.

Le second moyen consiste à jeter la peur dans les campagnes et à leur présenter leurs véritables soutiens comme des terroristes, des pillards, des socialistes, des républicains rouges, des hommes de sang en un mot. Quand on veut faire assommer le chien de son voisin, on le dit enragé ; quand un royaliste veut perdre un républicain, il le dit aussi enragé.

Ce n'est pas honnête , il est vrai , mais la calomnie porte. Nous sommes pas au siècle de Rabelais, et cependant, si l'on nous accusait d'avoir mis les tours de Notre-Dame dans nos poches , il serait peut-être encore prudent de déguerpir à toutes jambes.

DEUXIÈME LETTRE.

Passy, le 17 février 1849.

Le bon accueil que vous avez fait à ma première lettre me porte à vous en écrire une seconde. Il me semble d'ailleurs qu'une politesse en vaut une autre, et puis, c'est une occasion de causer un moment des affaires du pays. Dans quelques semaines, vous ne lirez ni les journaux, ni mes lettres; car vous aurez bien autre chose à faire. Ce sera la fin de vos semailles de printemps, l'époque du premier coup de charrue pour celles d'automne, le moment d'aller aux vignes courber le dos toute la sainte journée, et quand viendra la nuit pleine, vous n'aurez guère souci que de dormir en paix, priant Dieu la veille qu'il fasse beau le lendemain et qu'il préserve les jeunes pousses des gelées tardives. Ainsi donc, tandis que les nuits sont encore longues et les soirées brumeuses: ne perdons pas notre temps. Jetez sur la braise qui s'éteint deux ou trois poignées de bois sec, mettez un doigt d'huile dans la lampe de cuivre, allongez la mèche qui charbonne et donnez-moi cinq minutes d'attention. C'est, je vous le répète, pour causer un peu des affaires du pays.

Depuis que la République est au monde, vous n'êtes pas précisément comme le poisson dans l'eau, j'en conviens;

mais, après tout, vous conviendrez de votre côté que c'est moins la faute de la République que des gens qui la tiennent pour le quart d'heure. Elle existe, mais elle ne fonctionne pas; elle vit, mais elle ne marche pas; c'est une charrette neuve sous la remise. Les hommes qui sont aux affaires croient avoir intérêt à ne pas s'en servir. Demander aux royalistes de race ou d'occasion, qui occupent les ministères, les préfectures, les coins et recoins de nos administrations, ce qu'ils pensent de cette forme de gouvernement, serait la chose du monde la plus bouffonne. Autant vaudrait demander à un conducteur de diligences son opinion sur les chemins de fer. Nul ne bénit d'ordinaire l'invention qui lui coupe les vivres. C'est pourquoi nous ne devons pas nous étonner de ce qui se passe, en songeant que les pères nourriciers de notre jeune République sont les mêmes hommes qui, sous la royauté défunte, faisaient la pluie et le beau temps, les mêmes qui vivaient des impôts et n'en payaient pas. Ils voudraient ramener au monde cette royauté qui les fit gros et gras; c'est pour cela qu'ils rusent, qu'ils intriguent, qu'ils manœuvrent souterrainement, qu'ils creusent leurs terriers dans nos domaines. Mais, hélas! les jours heureux sont passés, les marquis auront beau s'agiter, se démener, donner des ordres, prendre leur grosse voix et tirer leur grand sabre, la terre n'en tournera pas moins. Nos royalistes me font l'effet de ces hommes qui, de passage vers minuit au détour d'un bois sombre, tremblent dans leur peau et qui, voulant se prouver à eux-mêmes qu'ils n'ont pas peur, sifflent des airs guerriers ou chantent à tue-tête. Ils me rappellent encore ce vieux roi Louis XI, prêt à rendre l'âme et faisant acheter par tout le royaume des faucons et des lévriers, afin que l'on pût dire parmi les populations : le roi se porte mieux que jamais et se prépare aux plaisirs de la chasse. Les fanfaronnades de ces temps-ci, les pèlerinages des uns et l'impertinence des autres son assurément renouvelés de ce chapitre des misères humaines. Allez, les morts sont bien morts, et le trône de vos maîtres ne renaîtra pas de ses cendres.

Je comprends très-bien que les barons de l'industrie, de la banque et de l'usure, que des hommes habitués à vivre d'une manière suspecte sous le couvert de vieilles lois faites par eux et pour eux seuls, ne s'accommodent pas volontiers d'une République et vouent ce régime à l'excécration de la postérité ; mais ce que je ne comprends pas aussi bien, c'est que des hommes de bon sens, d'anciens serfs affranchis d'hier, des cultivateurs, des artisans, des ouvriers des villes, aient la bonhomie de chanter la même gamme que ces gens-là. N'est-ce pas le grain bénissant la meule qui veut l'écraser ?

Les révolutions vous dérangent un peu dans vos habitudes, je le sais ; elles amènent la baisse sur les marchés, l'argent se cache, le prix des denrées tombe, et cela dure quelquefois plus d'une année. C'est fâcheux sans doute ; mais, en fin de compte, plaie d'argent n'est pas mortelle.

Quand on jette à terre un vieux mur, les passants et les voisins sont exposés à avaler de la poussière ; quand on abat de vieilles institutions, on se trouve exposé aussi à toutes sortes d'inconvénients ; mais dans l'un et l'autre cas, il faut se résigner de bonne grâce et savoir attendre. En temps de révolution, on ne rentre pas dans ses déboursés du jour au lendemain. Pour ensemencer vos terres, n'achetez-vous pas quelquefois du grain à raison de 6 fr., de 7 fr. le double décalitre ? Dans l'occasion n'empruntez-vous pas quelquefois à raison de 8, 9, 10 et 15 pour cent ? Ne vous mettez-vous pas dans la gêne en attendant que la récolte vienne, et, durant les dix longs mois d'attente, ne craignez-vous point les fortes gelées, les pluies continuelles au moment de la fleur, la grêle au moment où les épis mûrissent? Ceux qui sèment récoltent-ils toujours? ceux qui inventent une bonne machine sont-ils toujours sûrs de profiter de l'invention, après y avoir jeté leur dernier écu? Evidemment, non. Eh bien! les peuples qui sèment des révolutions dans l'espoir de récolter des libertés et du bien-être pour tous, sont dans la même situation que l'inventeur et le fermier. Il arrive parfois que ces révolutions sont contrariées dans leur marche et deviennent funestes aux générations qui les supportent; il ne s'ensuit pas qu'on doive les maudire.

Nos pères, ceux qui ont fait 89 et 92, ont bien autrement souffert que vous. Ils ont eu froid, ils ont eu faim, ils ont eu sur les bras les deux cent mille royalistes de la Vendée et les armées étrangères. Ils ont été injuriés, traînés dans la boue, calomniés à outrance et maudits. Et cela, ne l'oubliez pas, parce qu'ils ont arraché le peuple à la domination du château, de l'église et de l'abbaye; parce qu'ils nous ont délivrés de la dîme, des redevances et des corvées; parce qu'ils nous ont taillé des petites propriétés dans les grands domaines des émigrés; parce qu'ils ont rendu le sol à ceux qui le cultivaient depuis des siècles pour le compte de leurs seigneurs et maîtres. Il ont eu la besogne et la peine; ils n'ont point profité de la récolte. C'est nous qui l'avons moissonnée et mise en grange. Ils ont planté l'arbre, c'est nous qui avons cueilli les fruits. Allez, dans tous les temps, ceux qui fraiyent le chemin aux autres ont des dangers à courir et des misères à porter.

Aujourd'hui comme en 89 et 92, c'est aux républicains seuls que la calomnie s'attaque. On affirme aux populations [illegible] sont des pillards, des gens de sac et de corde, qu'il faut [illegible] aire à tout prix pour ramener la confiance et le travail. Le noble le dit à ses fermiers, le curé le dit à ses paroissiens, et le capitaliste le dit à ses emprunteurs. Mais ce que le capitaliste, le curé et le noble ne disent pas, c'est la vérité. Ce qui nous rend criminels aux yeux de ces hommes *honnêtes et modérés*, c'est que nous voulons imposer le revenu, reporter les petites cotes sur les grosses, imposer l'argent qui ne paye rien au fisc et dégrever la propriété foncière qui paye trop, abolir immédiatement l'impôt sur les vins, rappeler le milliard des émigrés en remboursement des quarante-cinq centimes ; c'est que nous voulons l'enseignement obligatoire et gratuit, et mille autres réformes avantageuses au peuple des campagnes et des villes ; c'est que nous ne voulons ni pour or ni pour argent d'un régime tombé il y a plus d'un demi-siècle. La domination de la noblesse, des curés et des chevaliers de l'usure a fait son temps. Passez, passez, besogneux d'une autre époque, nous n'avons rien à vous donner.

Cultivateurs, comprenez-vous maintenant ?

Imposer le revenu, reporter les petites cotes sur les grosses, imposer l'argent, n'est-ce pas attaquer les intérêts du gros rentier, du gros bourgeois, du capitaliste et de l'usurier de profession.

Décréter l'enseignement obligatoire et gratuit, n'est-ce pas faire concurrence aux ignorentins ? n'est-ce pas vouloir que le fils de Gros-Jean en remontre un jour à son curé ? n'est-ce pas chercher à ouvrir les yeux du pauvre monde ? n'est-ce pas l'appeler à connaître ses droits et à pratiquer ses devoirs ? Réduire l'impôt foncier, n'est-ce pas vouloir améliorer l'état des cultivateurs et les soustraire aux griffes de l'usure ?

N'y a-t-il pas là, encore une fois, de quoi nous faire maudire des châtelains, des gens d'église et de finance ?

Lorsque, dans nos villages, on veut protéger ses fruits mûrs, son froment en épi, et son carré de chanvre contre l'appétit des moineaux, que fait-on ? On façonne tant bien que mal un mannequin avec de la paille, et on le coiffe d'un chapeau d'homme suspect. Voilà l'ennemi.

De même lorsqu'ils tiennent à protéger leurs privilèges contre le cultivateur qui veut vivre en travaillant, qui veut la réduction des impôts, l'instruction gratuite et bonne, les hommes qui rêvent son butin par voie d'expropriation et qui exploitent son ignorance, lui crient : « Cours au plus pressé, « nous parlerons de cela plus tard ; l'ennemi est à ta porte ; « c'est un républicain, un rouge, entends-tu, un misérable « capable de tout, qui va prendre ton bien, ta vache, ton « cheval gris, et ne te laissera que les yeux pour pleurer. » C'est toujours la suite de ces fameux brigands de notre première Révolution qui arrivaient de tous côtés et que l'on ne rencontrait nulle part.

Le jour où nos cultivateurs, au lieu de trembler, prendront le sage parti de s'approcher de l'épouvantail qu'on leur désigne du doigt, quand ils seront assurés de leurs propres yeux que les républicains, que les montagnards sont comme eux faits de chair et d'os, et comme eux ennemis de la rapine et du sang, ils retrouveront la quiétude du moineau qui a découvert la paille bouchonnée sous le chapeau de l'homme suspect.

Quelques années, sans doute, s'écouleront d'ici là. En attendant, que Dieu nous conserve le suffrage universel et nous donne l'instruction gratuite pour l'hiver prochain.

TROISIÈME LETTRE.

Passy, le 24 février 1849.

C'est en vain que l'on effeuille ou que l'on coupe les rejets d'un arbre, la racine ne meurt pas pour si peu, feuilles et pousses reviennent en leur temps, aussi vigoureuses, aussi vertes que les premières.

Il en sera de même pour la République. C'est en vain que l'on déchirera ses drapeaux, que l'on effacera ses emblèmes, qu'on la dévalisera pièce à pièce, afin de la rendre misérable aux yeux du peuple, le suffrage universel, qui est sa racine, ne périra pas. Or, tout l'avenir est là. Avec un commissaire de police ou un gendarme on se défait d'un bonnet phrygien, d'un niveau, d'une formule ou d'un signe qui déplaît; mais il n'est pas aussi aisé de se défaire du suffrage universel. Le gendarme et le commissaire de police n'y peuvent rien. C'est fort heureux par le temps qui court; car, autrement, en un tour de main, ce droit-là passerait dans la gibecière des royalistes.

Que Dieu nous le conserve et le protége contre l'appétit des escamoteurs politiques.

Le suffrage universel, je le sais, ne nous a pas donné jusqu'à ce jour de merveilleux résultats; mais ce n'est pas sa faute à lui ; c'est la nôtre, c'est celle des hommes qui nous ont tenus dans l'ignorance. Une arme est utile ou nuisible, selon qu'on la manie bien ou mal. En maniant le suffrage universel, le peuple n'a pas été heureux ; il s'est blessé. Faisons en sorte maintenant qu'il ne se blesse pas de nouveau, c'est-à-dire, qu'il ne prenne plus ses représentants dans une mêlée de listes, comme on prend des billets de loterie dans un sac, sans réflexion ni triage.

C'est pour cela que je m'adresse aux populations des campagnes. Elles sont toutes-puissantes par le nombre ; il dépend d'elles, au jour des élections, de faire la pluie ou le beau temps, de nous sortir de la gêne ou de nous y replonger de plus belle.

Pour mon compte, si j'étais encore au village, si je faisais valoir une petite propriété, je me dirais ceci : — Les temps sont durs, très-durs, l'argent est rare, le blé ne paye pas mes façons de charrue, les quarante-cinq centimes me pèsent sur le cœur ; mais ce n'est point une raison pour désespérer et jeter le manche après la cognée.

Je me dirais encore : — Sous la royauté, je ne payais pas le cens, je n'étais pas électeur ; mon voisin, qui l'était, me regardait fièrement par-dessus les épaules et prenait vis-à-vis de moi des petits airs de hauteur. Ça ne laissait pas de me vexer. Quand les choses allaient mal, je n'avais que le droit de me plaindre ; quand le député de mon arrondissement ne se comportait pas comme il faut, je n'avais pas le droit de le mettre à pied. Aujourd'hui, ce n'est plus cela, je me sens l'égal de mon voisin, je peux mettre *électeur et éligible* au bout de mon nom, comme le premier millionnaire venu ; mon vote pèse dans la balance autant que le vote d'un grand seigneur, et ce commencement d'égalité-là me fait du bien.

Je me dirais probablement ensuite : — Pour nous tirer d'affaire, nous autres pauvres diables de paysans, il nous faudrait le dégrèvement de la propriété foncière, l'institution de banques agricoles ne nous prêtant jamais à plus de trois pour cent, l'abolition de l'impôt sur les vins, l'enseignement gratuit pour nos enfants, la justice à bon marché ou pour rien, le rappel du milliard des émigrés, qui servirait à nous rembourser les quarante-cinq centimes, enfin les assurances par l'Etat et une réorganisation de l'armée qui nous délivrât de ce qui est trop dur dans le service militaire actuel.

Voilà ce que je me dirais et ce que je demanderais directement à la République, dans mon intérêt et dans celui de plusieurs millions d'autres, si je me trouvais en position de le faire. Dans le cas contraire, je voudrais pour représentants des hommes qui entrassent complétement dans mes vues, qui désirassent les mêmes choses que moi, qui eussent par conséquent, et autant que possible, les mêmes intérêts. Quand, pour vider une contestation ou estimer un train de ferme, on choisit un expert, on veut que ce soit un honnête homme qui s'entende à la chose et la traite comme si c'était la sienne. Pourquoi donc, lorsqu'il s'agit de nommer un représentant, c'est-à-dire d'envoyer à Paris, moyennant rétribution, un chargé d'affaires, n'y regarderions-nous pas à deux fois avant de donner au candidat notre confiance et une procuration en règle.

Eh bien demandons-nous à présent, la main sur la conscience, si un cultivateur qui a l'ombre du sens commun, qui sait distinguer le blanc du noir et un sou d'un petit écu, doit nommer, pour le représenter dans les assemblées politiques, ou de très-riches propriétaires fonciers, ou de gros industriels, ou de gros bourgeois, ou enfin de gros banquiers. Je ne le crois pas, et voici pourquoi :

Le riche propriétaire foncier ne cultive pas d'ordinaire ses champs ; il ne tient pas les mancherons de la charrue; il ne produit pas. Loin de là, il afferme, il prête ses terres à intérêt variable, de même que le banquier prête son argent. Quand le gouvernement augmente le chiffre du bordereau, il augmente, lui, ses prix de fermage. Donc, il n'a pas les mêmes intérêts que le petit cultivateur, que l'homme qui met la main à la pâte.

Le gros industriel se soucie fort peu des améliorations agricoles. Il ne s'adresse jamais au gouvernement que pour mendier des droits de protection et de prohibition aux frontières. Les gros industriels n'ont pas peu contribué à vider, sous Louis-Philippe, les caisses de l'État ; ils ont eu leur bonne part du gâteau. En attirant à eux les capitaux, ils les ont constamment éloignés des campagnes. Le gros industriel ne peut donc être, dans aucun cas, l'interprète des travailleurs du sol.

Le gros bourgeois, de son côté, fût-il de la meilleure pâte dans l'espèce, ne sera jamais non plus l'interprète fidèle des besoins de nos population rurales. Il ne peut pas désirer que le taux de l'intérêt soit réduit à trois et au-dessous, lui qui prête à cinq, à six, et qui va beaucoup plus loin lorsqu'il n'est pas sujet aux scrupules de conscience. Il ne demandera pas la suppression des taxes qui pèsent sur les objets de première nécessité, attendu que le fisc pourrait bien s'adresser au numéraire, aux rentes sur l'État, aux choses de luxe, à tout ce qui devrait payer l'impôt et ne le paye pas. Or, le bourgeois qui a de l'argent et des rentes sur l'État, qui a des chevaux de luxe, des meutes, etc., n'entend pas raison sur ce point. Il ne de mandera pas que l'instruction soit gratuite à tout ses degrés, parce qu'il n'est pas bon, selon lui, que les pauvres en sache aussi long que les riches ; il les trouve déjà trop raisonneurs, beaucoup trop.

Le gros banquier est, par état, l'adversaire des intérêts populaires. Il ne votera jamais la réduction de l'intérêt de l'argent ; il maintiendra de toutes ses forces l'impôt sur les boissons, car cet impôt ne l'atteint pas et pourrait être remplacé par un autre impôt qui l'atteindrait. Il ne veut pas que le pouvoir s'empare des assurances, attendu qu'il est actionnaire dans telle ou telle compagnie. Le banquier, j'en conviens, a tout à perdre avec une République, tout à gagner avec une monarchie.

Cultivateurs, mes amis, pesez bien dans votre gros bon sens ce que je viens de vous dire. Le soir, après souper, causez-en cinq minutes avec votre femme ou avec l'aîné de vos garçons ; le dimanche, entre messe et vêpres, touchez deux mots de la chose aux gens du pays, demandez-leur ce qu'ils en pensent, et je parie que vous serez tous de mon avis, aussi sûr que deux et deux font quatre.

Par conséquent, vous n'aurez plus, aux prochaines élections, la simplicité d'aller demander conseil à votre bourgeois, à votre notaire, à votre avocat, à votre avoué, à votre huissier, à l'ancien seigneur de votre village ou au curé de votre paroisse, gens fort respectables, assurément, mais qui ne cherchent pas à vous rendre la vie douce. Vous ne prendrez conseil que de votre jugement, et vous vous direz : Les loups ne se mangent pas ; ouvrons l'œil de notre côté, faisons nos affaires nous-mêmes, car c'est le seul moyen de les faire bonnes. Et vous aurez raison. Quand vous achetez une bête en foire, vous ne vous fiez pas à la parole du maquignon ; car vous savez qu'il n'a pas intérêt à vous dire la vérité. Pourquoi donc auriez-vous confiance en un candidat présenté, patroné par des gens qui n'ont pas les mêmes intérêts que vous? Songez-y, la chose en vaut la peine; et après y avoir songé, vous serez de l'avis de ce cultivateur de l'Alsace qui disait l'autre jour : « Il serait bien à désirer que les représentants de la nouvelle Législative eussent tous de la *corne* dans la main, c'est-à-dire qu'ils eussent la peau durcie par le travail. »

Et, en effet, supposez que nous ayons le bon esprit d'envoyer à l'assemblée des paysans comme nous, intéressés à voter dans le sens de nos besoins, nous serions sauvés dans quelques mois. Sans doute, nos hommes ne feraient pas de beaux discours à la tribune, ils ne s'exprimeraient pas toujours en bon français; mais en revanche ils voteraient du bon côté, et, pour mon compte, j'aimerais mieux cinq ou six cents représentants votant la réduction de nos impôts sans dire un mot, que cinq ou six cents avocats et bourgeois parlant comme des anges et votant l'impôt des quarante-cinq centimes comme un seul homme. Les lois votées sont des mâles, les paroles de tribune sont des femelles.

Encore une fois, mes amis, songez-y, la chose en vaut la peine.

QUATRIÈME LETTRE.

Passy, le 2 mars 1849.

Je vous disais, dans ma dernière lettre, que d'honnêtes cultivateurs, ayant de la *corne* dans la main et du bon sens dans la tête, feraient de la meilleure besogne, à l'Assemblée législative que des centaines de bavards et de bourgeois, raides à la détente toutes les fois qu'il s'agit d'améliorer le sort de ceux qui souffrent. Je maintiens mon dire et n'en démordrai pas. Mais je vous vois venir de loin et vous entends d'ici me répondre que ce qui est facile, en théorie, ne l'est malheureusement pas toujours en pratique. Là-dessus, nous sommes d'accord. Je sais que, dans nos campagnes, nous avons certains petits défauts. Entre gens de connaissance et quand personne ne prête l'oreille, on peut, sans indiscrétion, s'avouer ces choses-là. Ainsi, pour ne parler à cette heure que d'un seul de ces petits défauts, nous dirons que nous sommes un peu jaloux les uns des autres. Mon voisin, je suppose, achète un carré de terrain sur ses épargnes; le voilà par conséquent un peu plus riche que la veille, un peu mieux considéré des gens du pays. Or, moi, qui ne peut rien acheter, je vois l'affaire de mauvais œil, je lui porte envie et me dis: Le bon Dieu n'est quelquefois pas juste; il y en a qui travaillent comme des galériens toute la sainte journée et qui n'ont pas de chance; il y en a d'autres qui ne se foulent pas la rate et qui réussissent à tout coup, comme s'ils avaient de la corde de pendu dans leur poche.

C'est un mauvais sentiment, sans doute, mais enfin il faut compter avec lui, bon gré malgré. — Il est aisé de nous prouver, à nous cultivateurs, que nous avons le plus grand intérêt à nous faire représenter par des hommes de notre profession, et que nous serons vexés, foulés, dupés, tant que nous donnerons nos voix à d'autres; mais il ne sera pas aussi aisé de nous amner à choisir des candidats de notre bord. Ce n'est pas que les honnêtes gens, que les hommes de jugement manquent dans les campagnes; la difficulté viendra d'ailleurs.

Beaucoup diront : C'est une bonne place que celle de représentant! ça rapporte neuf mille francs par an; la somme est sûre: c'est le gouvernement qui paye; il n'y a pas de contre-temps à craindre. Et pour gagner ces neuf mille francs, il suffit de passer six heures par jour sur des banquettes bien rembourrées et les pieds sur des tapis. Pourquoi enverrions-nous là Pierre ou Paul mener une vie de moine et faire sa bourse, ainsi qu'un marchand de bœufs, tandis que, pendant ce temps-là, nous aurions, nous, toutes les peines du monde à toucher les deux bouts après avoir essuyé le froid, le chaud, la pluie, la grêle, comme des martyrs? Pourquoi celui-là dormirait sa nuit pleine en toute saison et que nous nous lèverions avant l'aube? Pourquoi mènerait-il une vie de fainéant, tandis que nous travaillerons du matin au soir? pourquoi lui plutôt que moi, plutôt qu'un autre?

Les hommes sont ainsi faits : ils réclament des franchises pour eux et les leurs ; ils les obtiennent, et, quand il s'agit de les conserver, de les développer, de les placer sous la sauvegerde des hommes de leur condition, la jalousie s'éveille et ils introduisent le loup dans la bergerie.

Voilà, mes amis, ce que j'appréhende pour les élections prochaines, et c'est pour cela que je tiens à vous dire deux mots des neuf mille francs. Le chiffre vous paraît fort, et je le comprends ; car vous savez ce qu'un sou coûte de tours de charrue et de coups de bèche, car vous vivez à bas prix, vous vous logez à bas prix, vous vous vêtissez à bas prix. Mais à la ville tout est cher : la nourriture, l'habit, le loyer, et si cher, qu'avec les droits d'entrée d'une pièce de vin à Paris, vous auriez de quoi payer au village le loyer d'une maison, d'une grange, d'une écurie et d'un jardin pour une année. Et ne savez-vous point ce qu'il en coûte de vivre à l'auberge un jour de marché ? Les grosses pièces et la menue monnaie y passent vite. Dix sous dans notre ménage profitent plus que trente sous dans votre gousset un jour de foire.

Que les neuf mille francs ne vous allèchent pas, croyez-moi, c'est tout au plus le double des appointements d'un commis voyageur à l'année, et je ne sache pas que le commis voyageur fasse de grosses épargnes. Neuf mille francs à Paris, c'est quatre mille francs dans une petite ville de province ; c'est dix-huit cent francs dans un village. Il n'y a pas de quoi entretenir un cheval au râtelier et une carriole sous la remise.

Nommer un cultivateur représentant du peuple, ce serait sans contredit l'honorer grandement, mais ce ne serait pas lui faire un cadeau d'argent ; je soutiens au contraire qu'un chef d'exploitation, qu'un fermier gagnerait plus à rester chez lui qu'à accepter un mandat de ses concitoyens. Et, en effet, vous allez, je suppose donner vos voix à un homme de village qui a une femme et des enfants, un petit train de culture en bon état, des goûts simples, des habitudes rustiques, qui mène une existence active, qui aime avec passion ses champs, ses blés verts et ses prés en fleurs, qui tient à son clocher et ne respire à l'aise que sous sa blouse. Vous envoyez cet homme à Paris, non pour une huitaine de jours, mais pour trois ans; vous changez ses usages du jour au lendemain, vous lui créez une vie bourgeoise, vous l'obligez à quitter sa blouse bleue, ses souliers ferrés; vous le jetez dans un monde qu'il ne connaît pas, au milieu d'industriels de toute espèce qui l'exploiteront, le grugeront par tous les moyens; vous lui enlevez son indépendance, son bonheur calme, ses joies, son horizon, vous en faites un *monsieur*, et vous croyez que cet homme sera plus heureux que vous, et vous le jalousez. Ah! remerciez-le plutôt de son sacrifice, de son dévouement à la chose publique; car il souffrira comme un damné. Plus d'une fois il regrettera ses rudes travaux; il ne pourra rester séparé de la famille qu'il aime; son exploitation pâtira, comme pâtit toute exploitation quand l'œil du maître n'est plus là. Et puis, au bout des trois années, s'il a le courage de continuer le sacrifice jusqu'à la dernière heure, on procédera à de nouvelles élections, et l'ancien représentant restera peut-être sur le carreau. Alors, il faudra quitter l'habit bourgeois et reprendre celui du travailleur, remettre en bon état les terres négligées, réparer les brèches, rompre avec les habitudes de la ville et s'atteler à celles du passé.

A mon avis, ce n'est pas une perspective bien séduisante, et au lieu d'envier le sort de l'homme des campagnes qui aurait le courage de l'accepter, de la braver, je lui serrerais la main de bon cœur et lui saurais gré de son dévouement.

Cultivateurs, mes amis, si parmi les vôtres il se rencontre des républicains disposés à accepter la mission de défendre vos intérêts à l'Assemblée législative, faites-leur bon accueil. Ce n'est pas avec les neuf mille francs que vous pourrez payer honnêtement leurs services; vous leur devrez, en outre, une bonne somme de reconnaissance.

www.ingramcontent.com/pod-product-compliance
Lightning Source LLC
LaVergne TN
LVHW010304230826
846091LV00007BB/2694

* 9 7 8 2 0 1 1 7 8 3 5 5 4 *